كاتبة تونسيَّة ومحلِّلة نظم
حاصلة على ماجستير إدارة أعمال
تهدف أعمالها إلى تطوير الذَّات والمجتمع بطرح القضايا
الحارقة وتسليط الضَّوء على الحلول الممكنة.

الإهداء

إلى كلِّ مَن يعاني في صمتٍ..
خوفًا مِن فقدانِ شيءٍ ما.

نجلاء حمودة

حين تفتح الأبواب

AUSTIN MACAULEY PUBLISHERS™

LONDON • CAMBRIDGE • NEW YORK • SHARJAH

رقم الطلب: MC-10-01-9460563

التصنيف العمري: E

تم تصنيف وتحديد الفئة العمرية التي تلائم محتوى الكتب وفقًا لنظام التصنيف العمري الصادر عن وزارة الثقافة والشباب.

الطبعة الأولى 2023
أوستن ماكولي للنشر م. م. ح
مدينة الشارقة للنشر
صندوق بريد [519201]
الشارقة، الإمارات العربية المتحدة
www.austinmacauley.ae

+971 655 95 202

وصل علي إلى الدَّوام في الساعة السابعة صباحًا، كان أوَّل مَن يدخل إلى المكتب.. فتح جهاز الكمبيوتر، وكالعادة قرأ أخبار بعض الجرائد الإلكترونيَّة قراءة خاطفة.

شرب الكابتشينو اللَّذيذ الذي اشتراه مِن الكافتيريا القريبة، إنَّه الإكسير الذي يعطي معنًى ليومه الجديد.

تصفَّح بريده الإلكتروني، وأنجَز بعض الهوامش المستعجلة، جهَّز التَّقرير الأسبوعي، وفتح ملفَّ العمل الذي أوشَك على إنهائه البارحة، في وقت قياسي استنفد فيه كلَّ جهده وطاقته.

كان يستعدُّ للاجتماع مع مديره لمناقشة تقييم آخِر السنة ونقطة التطوير المستمر.. تافهة جدًّا وبدون أي معنًى، وككلِّ عام عليه أن يكتب كلَّ ما فعله، ويرضَى بنفس التَّقييم الذي وضعه عزيز – وهو نفسه – للجميع دون زيادة أو نقصان! لكيلا يتفوَّق أيٌّ منهم على الآخَر!

إستراتيجية ماكرة لتجميدهم في مناصبهم، ولكن عليّ مضطر لهذا البروتوكول السَّنوي!

لَم يعُد يتحمَّل هذا العمل الفارغ غير المُثمر الذي يجعله كجرذ المخبر وهو يجري داخل الدَّائرة وراء قطعة الجبن دون أن يصل إليها، لطالما أراد أن يكون له مشروعه المستقلُّ المفيد لهذا العالم ويقدِّم الإضافة، عملٌ يجعله يفتخر ويحتفل بإنجازه كلَّ يوم، لطالما ردَّد على مسامع والدته: "أحلم بإطلاق مشروع جديد لأفكاري المبتكَرة، أحدها يقدِّم حلًّا لازدحام المرور اليومي، والآخَر يقدِّم وجبات سريعة صحية ولذيذة تُنافِس (ماكدونالدز وكنتاكي)، أريد أن أُطلِق كوامن الطاقة الهائلة داخلي، لقد خلقها الله فيَّ، فلِم.. لِمَ لا أنفع بها مخلوقاته؟!

وكانت تبتسم وتجيب: طبعًا تستطيع، إنَّها فقط مسألة وقت يا عليّ، ليسوا أحسن منك في شيء، وما الذي ينقصك يا عزيزي؟! أنت شابٌّ ذكيٌّ ومتحمِّس، وتعمل بجدٍّ، ستصل بإذن الله إلى ما تحبُّ وتصبو، أنا أعرفك تمام المعرفة، ثِق بنفسك واجتهد، وستصل إلى ما تحبُّ وأكثر، قلبي يقول لي إنَّ مستقبلًا باهرًا ينتظرك.. متى وأين؟ لا أعلم!

كان كلام والدته يثلج صدره ويبعث فيه الأمل، كلَّما ضاقت به الدُّنيا كان يلتجئ إليها، تمامًا كما كان طفلًا صغيرًا

ليشكوَ إليها همومه ويفرّغ كلَّ ما في جعبته مِن ضيق، فتنفض عنه كلَّ سُحُب الكآبة والحزن، وتقزِّم كلَّ مشكلاته وتجعلها تافهة بكلمات بسيطة وأسلوب مازح!

يذكر أنَّه حين فقد حبيبته وزوجته سالي كان على وشك الجنون، ولَم يكن يستوعب رحيلها، كانا قد درسَا معًا، وتخرَّجا بنفس الدُّفعة، وتزوَّجا زواجًا سريعًا وسعيدًا، إلا إنَّه كان قصيرًا.

لَم يهوّن عليه إلا كلام والدته ووجودها إلى جانبه، كلماتها البسيطة: "عليّ، نحن كلُّنا ضيوف هنا، وسنذهب إلى حيث ذهبَت سالي، مسألة وقت فقط، لا تضيّع ما تبقَّى مِن العمر حزنًا، إنَّها حيَّة داخل تفكيرك وذكرياتك، لا تبتئس، رحل جسدها إلا إنَّ ذكرياتكما خالدة لا تُمحَى، أنت رجل شجاع، عِش حياتك كما ينبغي لرجل ذكيٍّ وسليم مثلك أن يعيشها، استثمِر ما بقيَ لك مِن أيَّام – وإن طالت – في أشياء ذات معنًى تسرُّ خاطرك، وتُسعِد سالي، وتُرضِي الله".

دخل المدير وأطلَق زفيرًا عميقًا، يعبِّر عن تأفُّفه مِن المكان ومِن الموجودين، ألقى تحيَّة خاطفة ولَم يلتفت إلى أحد وكأنَّهم غير موجودين، كان عليّ يعرف تمامًا ما وراء لغة جسد مديره، إنَّه الأسد الذي يطارده في هذه الفترة مِن الحياة، إنَّه مرضه

الذي يقضُّ مضجعه ويطرد النَّوم مِن جفونه، إنَّه الكابوس الدَّائم الذي يعيشه وهو يَقِظ.

تحفَّز جسده وإدراكه وكلُّ انتباهه ليدافع عن نفسه مِن سيلٍ مِن اللَّوم والتَّأنيب الذي سيَصبُّه على رأسه بسبب واهٍ أو حتَّى بدون سبب قد يكون تافهًا جدًّا، أو خاطرة سيِّئة طرأتْ على باله فجأة، فكم قاسَى مِن نوبات غضبه التي لا ترحم.

كان عزيز مدير عليّ يمشي مسرعًا بخطوات قويَّه متَّجهًا نحو مكتبه في النَّاحية الأخرى، أبطأ خُطَاه قليلًا، توقَّف.. نادَى بصوت جهوري دون أن يلتفت:

- عليّ.. تعالَ لو سمحتَ.. عليّ.. كيف تسمح لنفسك بأن تحضر الاجتماع مع العميل دون إذني وتشرح وتعطي الحلول؟! مَن أنتَ حتَّى تفعل هذا؟!

- أنا آسف جدًّا، ولكنَّ الأمر كان عاجلًا، وأردتُ أن أحلَّ مشكلة العميل، لقد كنتَ مشغولًا جدًّا ولَم أُرِد أن أقاطعك.

- ههههه.. لا تريد أن تقاطعني.. أنتَ تتصرَّف بغباء.. طبعًا اليوم هو تقييمك السَّنوي، وتريد ترقية ومكافأة نهاية السَّنة، سأجعل التَّقييم أسوأ تقييم تراه حتَّى تستوعب الدَّرس!

كان وجه عليّ يحمرُّ مِن شدَّة الانفعال، وكلُّ مراجل الغضب تغلي في عروقه، لَم يعُد يقوى على تحمُّل مزيد مِن

الإهانات والتَّهديد، كان فعلًا قد عمِلَ ما بِوُسعه ليحافظ على وظيفته، واستنفد كلَّ محاولاته في إرضاء مديره وإثبات نفسه في العمل، لَم يكن يتلقَّى أيَّ كلمة شكر على مبادراته لتحسين العمل وتطويره، ومهما فعلَ فهو محروم مِن أيِّ ترقية أو حوافز جديدة، بل كان عزيز يتصيَّد له الأخطاء التَّافهة، ويتعمَّد توبيخه أمام زملائه، ويحقِّر مِن شأن عمله، ويقزِّمه أمام الجميع!

انفجر عليّ دون تفكير:

- كفى.. كفى.. كفى.. كفى.. لقد سئِمتُ منك ومِن تهديداتك المستمرَّة وتلميحاتك المسمومة، غول التَّقييم وعصا التَّهديد بالطَّرد مِن العمل لَم تعُد تُخيفني، احتفِظ بذلك لنفسك، أنتَ لا تصلح أن تكون مديرًا لي، لن أسمح لنفسي بمزيد مِن الهرسلة على يديك، لن أظلَّ تحت إدارة شخص مثلك، لن أسمح بمزيد مِن الإهانات، مزيد مِن الإذلال، كفى.. كفاني منك، سئمتُ تأفُّفك في وجهي، سئمتُ نبرة صوتك المهدِّدة، سئمتُ رؤية وجهك المكفهرِّ، سيِّد عزيز، أنا أستقييل، وأترك لك المكان لتشبع به، دعواتي أن يساعد الرَّبُّ بقيَّة الموظَّفين على تحمُّلك للأعوام القادمة!

كان عزيز مذهولًا مِن ردَّة فِعل علي، أُصيب بمزيج مِن الإحراج والخجل!

كان بقيَّة الموظَّفين مذهولين فِعلًا؛ فلأوَّل مرَّة يتكلَّم أحدهم بذلك الصَّوت العالي، ويناقشه ويردُّ عليه الإهانة.

شعرَ الجميع بالإعجاب لردَّة فِعل الشَّابِّ الغاضِبة، وتمنَّى كلٌّ منهم لو باستطاعته أن يفعل مِثله، أو حتَّى أن يصفِّق للشَّابِّ الغاضب!

كان يتكلَّم بما يختلج في صدر الجميع ولا يستطيعون إبداءَه، شعرَ بعضهم بالشَّفقة على مصير هذا الشابِّ الغِرِّ! لملمَ أغراضه بسرعة، وخرج بسرعة البرق لا يلوِي على شيء، تاركًا وراءه مديرًا مذهولًا مصدومًا حانقًا متسمِّرًا مكانه، يحاول أن يستوعب ما يحدث وأن يعيد ترتيب أوراقه ليسيطِر على الأحداث، ويعيد فرض هَيبته على الجميع، ويبرِّر ما حدث لمُديريه.

*****

على مدى السَّنوات الماضية عمل عزيز على توطيد علاقاته برؤسائه في العمل، ولَم يكُن يسمح بأن يلمع نجم أيِّ من الموظَّفين الآخَرين مِن مرؤوسيه في العمل، كان يقوم بكلِّ

المهامِّ المهمَّة بنفسه، وكرَّس كلَّ وقته وجهده في ذلك، على الرَّغم مِن احتجاج زوجته ومطالبتها له بمزيد مِن الوقت لها وللأولاد، إلَّا إنَّها يئِسَت أخيرًا مِن ذلك، وأخذَت زمام الأمور بنفسها، وعوَّدَت نفسها على ذلك، يكفيه أنَّه يعمل بجُهد ليوفِّر لها وللأولاد مستقبلًا جيِّدًا، لطالما عانت مِن بُعده عنها حتَّى وهو قريب، ومِن تقصيره في التَّواصل مع الأولاد؛ إذ لَم يكن يُخرجُهم إلى أيِّ مكان ترفيهيٍّ إلَّا فيما نَدَر، ومع الزَّمن باتت تعرف كيف تدبِّر أمورها بنفسها، بل إنَّها استساغت الأمر عندما لمسَت معهم غلظته حين يكون له بعض الوقت، وانتقاده المستمرّ لتفاصيل الطَّبخ وترتيب البيت وشكل ملابسها وشَعرها وطريقة تدريسها للأولاد!

في النِّهاية صنعَت لنفسها ولولَدَيها عالمًا خاصًّا بهم، تعلَّمَت كيف تدبِّر لهم طلعات ترفيهيَّة مع جاراتها وأولادهنَّ في نفس العمر، واكتفَت بالحديقة القريبة ملاذًا لها ولهم مِن ملل ورتابة البيت، وحين أتى الصَّغير انشغلَت به كلِّيًا، ولَم تعُد تطالب بأيِّ شيء!

لَم يكن هناك أيُّ شيء عزيز يُثني عن تحقيق أهدافه بالصُّعود في السُّلَّم الوظيفيِّ إلى أعلى المراتب، كان يسكنه هاجس المؤامرة، وتتلبَّسه فكرة أنَّه مطارَد وأنَّ الجميع يحقد

عليه وقد ينقلبون عليه في أيِّ لحظة؛ لذا يبادِر دائمًا باستباق الأحداث وأخْذ المبادرة، كان يسعَى جاهدًا لتثقيف نفسه بكلِّ الأدوات التي يعرفها أفراد فريقه، وكلَّما لاحَظ أنَّ لدَى أحدهم معرفةً ما بأحد البرامج الجديدة أو إلمامًا بجانب غامض مِن النِّظام المعتمَد في العمل، لا يهدأ له بال إلا إذا جلس معه ساعات طويلة ليمتصَّ المعلومات بعطش دراكولا لدماء الضَّحايا، ولا يكفُّ حتَّى يطبِّقها ويتفوَّق فيها على الموظَّف صاحب المعرفة.

وكان له أسلوب انتهازيٌّ عجيب في شفط المعلومات وسرعة تعلُّمها وإضافتها إلى زاده المعرفيِّ، كان يعلم تمامًا أنَّ أفراد الفريق أكْفاء، ويستطيعون التَّفوُّق عليه إن وكَّل إليهم المشروعات التي بِيَده خاصَّةً أنَّ مستوى شهادات بعضهم تفُوق مستواه بمراحل، وكان يخشى ذلك اليوم؛ لذا كان يعمل بكلِّ جهد لإنجاز أكبر كمِّيَّة مِن العمل بنفسه، والتَّواصل وحيدًا مع المسؤولين والزَّبائن المهمِّين لإنجاز المشروعات على أكمل وجه، وضمان تجميد أفراد الفريق في مهامّ هامشيَّة وروتينية، وبعْث شعور الخوف والتَّهديد في نفوسهم حتَّى لا يفكِّر أيٌّ منهم في المطالبة بالتَّرقية أو الزِّيادة في الرَّاتب؛ ولذا كانت كلُّ الترقيات والحوافز مِن نصيبه وحده!

14

لَم يكن يؤرقه سِوَى عليّ، على عكس باقي زملائه الذين رفعوا راية الاستسلام، وخنعوا إلى النِّظام الذي فرضَه عليهم، واستكانت كلُّ محاولاتهم في التَّمرُّد أو السَّعي إلى النُّموِّ أو المطالبة بأيِّ شيءٍ، يكفيهم أنَّهم لا يزالون على رأس عملهم، ولِيَحمِدوا ربَّهم أنَّ رواتبَهم لَم تُقَلَّص أو تُقتطَع!

كان عليّ يزعجُه فِعلًا بمحاولاته المتكرِّرة التي لا تنتهي للخروج مِن الصُّندوق؛ إذ كان يُنهي كلَّ الأعمال المُوَكَّلة إليه في وقت قياسيٍّ، بل كان يأتيه إلى مكتبه مطالِبًا بالمزيد مِن العمل، عارضًا اقتراحات كثيرة لتحسين كثير مِن البرامج وطريقة العمل.

ومع إعجاب عزيز بأفكار عليّ واعترافه بينه وبين نفسه بذكائه، ومدى أهميَّة تلك الاقتراحات لتحسين بيئة العمل وتطويره، إلا إنَّه غالبًا ما كان يتجاهلها أو يُبدِي امتعاضه بإيجاد عيوب واهية؛ ليقزِّم الفكرة ويُمَيِّعها حتَّى يرى خيبة الأمل على وجه علي، فتنبعث داخله هالة مِن الفرح بالانتصار، وينهي اللِّقاء بإشارة محبِطة لعَلي تقضي على ما تبقَّى له مِن أمل!

كان مازوشيًّا ويحبُّ رؤية غريمه يتخبَّط في اليأس والخيبة، كان ذلك يقوِّي شَوكته ويشحن طاقته لمزيد مِن الإنجاز والنُّموِّ!

*****

نزل عليّ مِن الباص وهو يصارع دوّامة الغضب والحَيرة والإحباط التي كان يعانيها، اكتشف بعد أن غادر الباص أنّه نزل قَبل محطّتين مِن الحيّ الذي يقطن فيه.

وقف برهة يتأمّل السَّماء وكأنّه يبحث عن شيءٍ ما، إلّا إنَّ كآبة السُّحب والبياض الذي هناك كان زاد مِن يأسه وانفعاله.. أين أنتِ الآن يا سالي؟! بأيِّ جنّة أو سماء أنتِ؟!

كان يتذكَّر ظلَّها الخفيف وهي تحاول اللحاق به وهو يتعمَّد المشي السَّريع ليتحدَّى صبرها، فتغضب وتتوقَّف لتكوِّر كُرات ثلج ترشقه بها في كلِّ مكان مِن جسمه، فيتوقَّف ضاحكًا منتصرًا واضعًا يده على وجهه حتّى يحمي عينه مِن وابل الثَّلج!

كانت فتاة عمليَّة جدًّا، وفي نفس الوقت مرهفة الحسّ، تحبُّ الموسيقى ومطالعة الرِّوايات الرُّومانسية، إلّا إنَّها عصبيَّة المزاج وسريعة الغضب، وكان يحبُّ فيها كلَّ مميِّزاتها وعيوبها، كلُّها على بعضها جميلة وفاتنة شكلًا وروحًا، معها لَم يكن يخشى شيئًا، كانا يخطِّطان للسَّفر والعيش في جزيرةٍ ما لا تعرف الثُّلوج ولا الحرارة، كانت الحياة سهلة وبسيطة، أهمُّ ما فيها أنَّهما يقضيان وقتًا ممتعًا، مستمتِعَين بحياتهما البسيطة!

وقعَت عيناه فجأة على سيِّدة تلوِّح بيدها إليه وكأنَّها تناديه، ولكنَّ صوتها لَم يكن يصل إليه.. التفَت يمينًا وشِمالًا لعلَّه يجد الشَّخص المراد بإشارات المرأة، لَم يكن هناك أحد غيره.

إنَّها تناديه هو.. ماذا تريد منه؟! مع أنَّ معالم وجهها غير واضحة تمامًا إلَّا إنَّها تبدو جميلة ومثيرة بملابس البيت.

كانت مصِرَّة على التَّلويح له! منذ رحلَت سالي لَم تعُد أيُّ فتاة تستهويه أو حتَّى يجرؤ تفكيره على المُضيِّ قُدُمًا في أيِّ علاقة.

حدَّق مليًّا.. كأنَّها تطلب النَّجدة، بل إنَّها تستغيث.. التفَت مرَّة أخرى لعلَّه يجد شرطيًّا أو شخصًا آخَر، إلَّا إنَّ الطَّريق كان مقفرًا، ولَم يكن هناك أحد آخَر غيره في ذلك المكان!

تحرَّك داخله شعور الشَّهامة، خطَا سريعًا نحو البناية حيث تلوِّح تلك السَّيِّدة مِن بلكونة شقَّتها، وبدأ يسمع صوتها بوضوح أكثر: أخي.. أرجوك ساعِدني.. أرجوك.. ابني سيَموت!

سألها بصوت عالٍ: سيِّدتي.. أيُّ طابق أنتِ؟ وأيُّ شقَّة؟

أجابَت بصوت متقطِّع وعالٍ: الطَّابق الثَّاني.. شقَّة 7.

ركض مسرعًا نحو الدَّرج، مصفِّقًا باب البناية وراءَه.

كان يركض مسابقًا الوقت علَّه يفعل شيئًا لهذه الأمِّ المكلومة.

وصل أخيرًا ونفَسه يكاد ينقطع، لَم يكن بحاجة إلى رؤية رقم الشِّقَّة؛ فصراخ الأمِّ والباب المفتوح الذي لمحَه على يمينه كانا خير دليل على مكان الولد!

تقدَّم ودخل دون أن يخلع حذاءه: مرحبًا.

لا أحد.. لَم يسمع غير عويل المرأة، وجدها تمسك طفلًا صغيرًا مزرقَّ البشرة، ومبيَضَّ العينين على وشك الاحتضار. خطف منها الولد، وجلس على أقرب كرسيٍّ، مدَّده على فخذه جاعلًا رأسه إلى الأرض، وبدأ يضرب على ظهره ضربات متواترة بباطن يده.

كان قد حضر مسبقًا حصصًا للإسعافات الأوَّليَّة حين كان طالبًا بالجامعة، وقد ساعدَته تلك المهارة في مواقف كثيرة.

قلبَ الرَّضيع على ظهره وبدأ يضغط بإصبعَيه على صدره، ويمرِّرهما إلى حيث حلْقه.

بدأ يسمع حشرجة خفيفة، وبدأ الرَّضيع يكُحُّ لافظًا مِن فمه قطعة حلوى كبيرة كانت تسدُّ حلقه!

كانت الأمُّ قد جلسَتِ القرفصاء والدُّموع تغطِّي وجهها، وشعرها مبعثَر في كلِّ اتِّجاه، وعيناها محمرَّتان كالجمر؛ لَم تكن تتحمَّل رؤية فلذة كبدها يصارع الموت، ومَن قد يتحمَّل ذلك؟!

لَم يعُد عليّ يميّز بكاءها مِن بكاء رضيعها، كانت فرحتها كبيرة إلى درجة لا توصف، قالت بصوت مبحوح بالٍ: أنتَ ملاك، لقد أرسلَك اللَّه إليَّ لتُنقذَ ابني، أشكرك مِن أعماق قلبي.

ثمَّ غصَّت بالبكاء، لَم تعُد تستطيع أن تتكلَّم، كانت المسكينة بحاجة أيضًا للمساعدة.

استدلَّ على المطبخ برائحة الطَّعام، دلف إلى هناك، أخذ كوب ماء، وجد حبَّة ليمون، فوضَع بعض القطرات على الماء وناولها إيَّاه: أرجوكِ اشربي هذا واسترخي قليلًا، لا بدَّ أنَّكِ مصدومة أيضًا.

تناولَتِ الكوب شاكرة وهي تضمُّ طفلها!

خرج مِن الشَّقَّة وهو يحسُّ بأنَّه عملَ عملًا صالحًا بطوليًّا سيظلُّ عالقًا بذهنه طوال حياته.

أخرجَته تلك الحادثة قليلًا مِن الضِّيق والضَّغط واليأس الذي كان يعانيه.

*****

فتح باب الشَّقة، اعترضَته كيتي قطَّته ورفيقة أيَّامه الحالكة، كانت قد أهدَتها إليه والدته بعد رحيل سالي!

نظرَت إليه باستغراب بعينيها الخضراوَين اللامعتَين وكأنَّها تتساءل عن سبب عودته المبكِّرة.

اقترَبَت تتودَّد إليه، لولاها لقتَله الاكتئاب، وكأنَّها كانت تحسُّ بحاجته إلى مَن يواسيه، كانت ترحِّب بقدومه بحرارة، وتتمسَّح على قدميه، وحين جلس قفزَت برشاقة لتجلس بين ذراعيه بأمان واطمئنان.

لَم يكن هادئ البال، ولا زالت عاصفة الهواجس والانفعال تدور في مخيِّلته!

- ابتعِدي كيتي.. أنا لستُ على ما يرام، صدِّقي أو لا تصدِّقي، لقد تركتُ العمل، اذهبي بعيدًا!

أبعدَها عنه.. تفقَّد طبقها، أضاف لها بعض الطَّعام، وعبَّأ في إنائها بعض الماء، لبس قفَّازًا وغيَّر الرَّمل الذي تستخدمه القطَّة لدفن فضلاتها، ثمَّ غسل يديه وتوجَّه إلى المطبخ ليجهِّز قدح قهوة لتهدِّئ أعصابه، وتخفِّف قليلًا مِن جبل التَّوتُّر الذي أثقل كاهله.

كان يحبُّ رائحتها أكثر مِن طَعمها، إنَّها تجعل المكان أكثر ألفة، وتبدِّد الرَّوائح التي خلَّفَتها فضلات القطَّة في المكان!

فتح حقيبة السَّفر التي اشتراها منذ عام قبل رحيل سالي، وظلَّت ماكثة مكانها تنتظر اليوم الموعود الذي ترافقه فيه إلى أيّ مكان فوق هذا الكوكب!

لَم يكن بحاجة إلى وضع أيٍّ مِن الملابس أو أيِّ لوازم، كان قد جهَّزها منذ شهور، واضعًا داخلها كلَّ ما يحتاجه إلى مكان بحري دافئ، وكان يفتحها مِن وقتٍ لآخَر ليضيف أو يبدِّل أغراضًا جديدة.

كان مِن أمنيّاته أن يسافر مع سالي إلى مكان دافئ، وأن يعيش كلَّ حياتهما بجوار بحر تيركوازي، ذي شاطئ رملي أبيض، مكان لطالما رآه في الأفلام وصور الإعلانات.

حسنًا.. ها قد أتَتِ الفرصة، سيَضع كلَّ مدَّخراته لِيعيشَ الحلم حتَّى لو لَم تكن سالي موجودة، وليكن بعدها ما يكون!

لطالما أراد الذَّهاب في سفرة طويلة إلى ذلك المكان، إلَّا إنَّ مديره كان يرفض الموافقة على منْحه إجازة لأكثر مِن يومين بتعِلَّة كثرة العمل وتراكمه، فكان يسلِّم بالأمر الواقع ويؤجِّل مشروع سفره، ويجمِّع مدَّخراته لذلك اليوم، إلى أن توفِّيَت سالي في انهيار ثلجي.

كانا في رحلة تسلُّق جبال قصيرة في منطقة قريبة، كانا قد خطَّطا طويلًا لخوض تلك المغامرة خلال عطلة نهاية الأسبوع إضافة إلى يومين مِن عطلته السنوية.

سالي كعادتها تتحرَّك بخفَّة، وتبدي فرحها الطُّفولي بكلِّ جزئيَّة مِن الرِّحلة، ومع أنَّ خطَّة الصُّعود كانت شاقَّة على كلِّ أفراد الفريق إلَّا إنَّ روح المغامرة وحماس الجميع جعلا الأمر ممتعًا وشيِّقًا.

كانت تمدُّ يدها إليه لتناوله الكاميرا حين سمعَت طقطقة طفيفة، ثمَّ سمع صوتًا عظيمًا، وفجأة ضاعتِ الكاميرا والأصوات وانطفأ النَّهار.

حين أفاق عليّ وجد نفسه أسفل الجبل، متكوِّمًا مع الثُّلوج، ناضَل ليَخرج ويتحرَّر مقاومًا البرد الذي بدأ يجمِّد أوصاله، لَم يدرِ كم مِن الوقت مرَّ وهو على تلك الحال، إلَّا إنَّه حين استعاد وعيه التفَت يمينًا ويسارًا فلَم يرَ غير ركام الثُّلوج وأغصان بعض الأشجار الَّتي جرفها الانهيار الثَّلجي.

بدأتِ الصُّور تعود إليه.. الكاميرا.. أفراد الفريق.. سالي.. أين سالي؟

مع صعوبة حركته وبطئها وإحساسه بأنَّه على وشك أن يتجمَّد، وأنَّ كلَّ عضلة في جسمه تصيح مِن الألم، إلَّا إنَّه بدأ ينادي علَّها تسمعه وتجيب.

حين حضرَت فِرَق الإنقاذ مشَّطَتِ الجبل طلوعًا ونزولًا.. طولًا وعرضًا، عثر على باقي أفراد المجموعة بعضهم بجروح طفيفة والبعض الآخَر في حالة حرجة، إلَّا إنَّه لا أثر لسالي!

فقد عليّ زوجته وحبَّ حياته ومعها كلُّ آماله وأحلامه.

لَم يصدِّق ما حدث، ولَم يستسلم، ظلَّ لأيّام يبحث في نفس المكان إلى أن سلَّم أمره للَّه، ويئس مِن وجودها، لقد دُفِنَت داخل الثُّلوج، وكانت تلك مشيئة القدَر.

دعْم والدته ووجودها إلى جانبه هو ما صلبَ ظهره وجعله يقف مِن جديد وينسى ألم الفراق، إلَّا إنَّ مرضها في الفترة الأخيرة وتكاليف علاجها الباهظ جعلا أقصى ما يخشاه أن يُطرَد مِن عمله؛ فراتبه ممتاز بالنِّسبة لوظيفته، وقد لا يجده في أيِّ مكان آخَر، وكان ذاك هو الطَّوق الذي جعله يصبر ويكتم غيظه وغضبه كلَّ هذا الوقت.

كان عزيز يعلم جيِّدًا حاجته، ويستثمر الوضع لصالحه، ويمسك تلك النُّقطة كالسَّيف المسلَّط على رقبته هو وباقي زملائه في القسم، فإمَّا السَّمع والطَّاعة والرِّضا بكلِّ قراراته

والسُّكوت على الإهانات، وإمَّا التَّلميح والتَّهديد بالتَّقييم السَّنوي الذي يقود إلى الطَّرد.

حسنًا.. ها قد ترك العمل طواعية وسط استغراب الجميع في هذه الظُّروف الصَّعبة، وقلَّة فُرَص العمل، واحتياج والدته لدعمه.

آهٍ.. والدته التي تعيش في مدينة مجاورة، لولا ذلك المبلغ الذي يرسله لها لتدبِّر أمورها لأصبحَت متسوِّلة أو متشرِّدة. سامحِيني أمِّي.. لا أستطيع أن أواصِل في هذه المهزلة، طبعًا يهمُّني أمرِكِ ولكنَّ كرامتي ونفسيَّتي لَم تعُد تتحمَّل، لو تَعلمين كم أنا في أمسِّ الحاجة إلى دَعمِكِ في هذا اليوم العصيب.

كانت الثُّلوج تتساقط كالقطن في الخارج، وذلك البرد الشَّرس يمتدُّ بهدوء ليجمِّد الأخضر واليابس، والبساط الأبيض يخيِّم على المدينة، ويوحِّد أرضها بسَمائها.

وصلَت سماكة الثُّلوج إلى نصف المتر في الخارج، وعمَّ البياض كلَّ أرجاء المكان مضيفًا مزيدًا مِن الكآبة إلى كآبته!

كان الحنق يستبدُّ به ويشتدُّ كلَّما تذكَّر وجه عزيز ونبرته المستفِزَّة، أخذ الهاتف يريد أن يكلِّم والدته كما كان يفعل كلَّما ألمَّت به مصيبة، إنَّها مرفأه الوحيد في هذا العالَم.

تردَّد.. لا.. لن يكلِّمها في هذه المرحلة.. ماذا ستفعل؟ ستشعر بالكآبة والضَّياع، لن تجد ما تقوله هذه المرَّة.. كيف لها أن تواسيه وهي بحاجة ماسَّة إلى مساعدته لإكمال العلاج الذي تتلقَّاه؟! ليس جاهزًا لإخبارها بعد.

وقعَت عيناه على جريدة يومية بجانب الكنبة، رقم هاتف لوكالة أسفار، مع صورة هي نفسها صورة حلم الطُّفولة وحلمه وسالي.. شاطئ ونخيل جوز الهند وبيوت البانبو الصَّغيرة.

تناوَل الصَّحيفة بيدٍ مرتعشة: ألو.. أريد أن أحجز لو سمحتَ.. جزيرة سيشل.. نعم.. كم؟ نعم.. سآتي في الحال.

تناوَل معطفه وخرج مصفِّقًا الباب وراءه، تاركًا كيتي تموء بحزن وتحاول اللِّحاق به.

رنَّ جرس الموبايل:

- ألو.. علي.. أنا نادية!

دقَّ قلبه.. إنَّها نادية زميلته وسكرتيرة المدير.

عاد إلى وعيه:

- نعم نادية، كيف حالكِ؟

- عليّ.. اسمع.. المدير عزيز طلب منّي أن أكلِّمك، لقد عفا عنك طالما أنَّكَ كنتَ تحت ضغط العمل، وقد يكون قرارك انفعاليًّا، تستطيع أن تعود إلى مكتبك في الغد!

صمتَ عليّ وللحظة كاد أن يردَّ: شكرًا شكرًا، أكيد سأعود، وأنا أعتذر كثيرًا إلى صاحب الجلالة، أقصد سيِّدي المدير!

إلَّا إنَّه سمع نفسه يقول بصوت بارد برودة الثُّلوج المتراكمة في الخارج: آسف نادية.. لَم أعُد أستطيع المواصلة في هذا العمل.. شكرًا.. ستصلكم رسالتي على البريد الإلكتروني، بالإضافة إلى كلِّ تفاصيل العمل الذي كنتُ على وشك تسليمه.. وأغلق الخطَّ!

كان صوت المنطق بداخله يهمس ويعيد كلام نادية: علي.. أأنتَ مجنون؟! أتترك العمل وتذهب في رحلة بكلِّ ما لديك؟! كيف ستعيش بعد ذلك؟! وأمّك! وإذا لَم تجد عملًا آخَر ماذا ستفعل؟! أأنتَ بلا عقل؟! تريَّث!

كانت نادية صديقة مخلصة، يجلس إليها أحيانًا، ويشكو إليها مشكلاته مع عزيز، وكانت تستمع إليه بانتباه، وتبدي رأيها بموضوعيَّة مدهشة.

في الحقيقة نادية كانت صديقة للعائلة قبل أن ترحل سالي، ولولا وفاؤه لسالي وعدم اجتيازه لألم فقدانها وذكراها لكان ارتبط بنادية، إنَّها تحبُّه كثيرًا، ولكنَّ حياءها وكبرياءها يمنعها مِن الاعتراف، إضافةً لعدم استعداد علي النَّفسي للمُضِيّ قُدُمًا في أيِّ ارتباط جديد.

كان يحسُّ بمشاعرها، ولكنَّه يتجاهل الأمر حتَّى لا يتطوَّر ويورِّط نفسه في أيِّ أمر.

لَم يكترث لذلك الصَّوت، لَم يعُد يكترث لشيء.. أخذ الباص إلى حيث مركز المدينة، دخل وكالة الأسفار باستعجال، توجَّه إلى أقرب مكتب، أراه الجريدة والصُّورة:

- لو سمحتَ.. أريد أقرب حجز لهذا المكان.

- تقصد سيشل؟ متى؟ هناك مكان في الغد، التَّأشيرة هناك!

- نعم.. وهو كذلك.

حين عاد إلى البيت لَم يكن قد فكَّر أين يذهب بقطَّته كيتي، لَم يحسب حساب كيتي.

تذكَّر صديقه أحمد، إنَّه بنفس العمارة، وحتمًا لن يرفض الاعتناء بها في غيابه!

وبينما كان يجهِّز أغراض كيتي، وقد غمر نفسه بعض الرِّضا؛ لأنَّ أحمد وافق على الفور، ولَم يطرح الكثير مِن الأسئلة حين لمس نبرة اليأس في صوته، ورأى عدم رغبته في الكلام.

*****

أقلعَتِ الطَّائرة، ولَم يكن يستطيع أن يتمالك نفسه مِن الشُّعور بالغبطة والفرح.. طبعًا مع صوت داخليٍّ يقول: أنتَ أحمق، لقد طَرَدتَ نفسك بنفسك، ماذا فعلتَ يا عليّ؟! ستعيش مشرَّدًا أنتَ وكيتي بعد أيَّام.

خلال الأشهر الماضية كان قد جمع بعض المال، أرسل نصفه لوالدته ما يكفيها لبضعة أشهر، ووضعَ الباقي في الرِّحلة إلى سيشل، لَم يُخبِرها بشيء سِوَى أنَّه ذاهب في رحلة قصيرة وسيعود قريبًا.

وصلَتِ الطَّائرة إلى جزيرة "ماهي" في الساعة السادسة صباحًا، كان الجوُّ رائعًا ولا يصدَّق، كان جميلًا والسَّماء زرقاء صافية مزيَّنة ببعض السُّحب شديدة البياض، شعرَ أنَّ المكان غنيٌّ حقًّا بالأكسجين مقارنةً مع طقس الثُّلوج الذي تركه وراءه في هذه الفترة مِن الشِّتاء.

مطار ماهي يقع مباشرةً على البحر، شدَّ انتباهه وجود جبال خضراء محمَّلة بالأشجار الاستوائيَّة باسقة الطول وشديدة الاخضرار.

كان المطار متواضعًا وقديم الطراز وصغيرًا، وقد ذكَّره بمحطَّة باصات مدينته الأم منذ عشرين سنة.

الموظَّفون في مطار سيشل على درجة مِن الحرفيَّة واللباقة، وكانوا يتحدَّثون اللغتَين الإنجليزية والفرنسيَّة بطلاقة.

بلغَه أنَّ المعيشة غالية جدًّا بجزر السيشل، وأنَّ كلَّ شيء قابِل للمساومة، فسأل أحد موظَّفي الأمن عن سعر التاكسي، فابتسَم وقال: لا أعلم.. طبعًا تواطؤ خفيٌّ مع أبناء بلده.

كان حظُّه في التاكسي مع السائق رسول، أخبره أنَّ تسعيرته 30 يورو.

ذُهِل لهذا الغلاء مع أنَّ المسافة أقلُّ مِن عشرين كيلومتر! رسول في الستينيَّات مِن العمر، ولكنَّه ممشوق القامة وبكامل صحَّته، كان يقف مبتسمًا مرحِّبًا بزبونه الجديد.

توجَّه عليّ للجلوس مكان السائق، وكم ضحك الاثنان؛ لأنَّ عجلة القيادة على اليمين على عكس بلده.

خلال الرحلة إلى الفندق لَم يتوقَّف عن التصوير؛ لأنَّ المناظر الطبيعيَّة الخلَّابة تأخذ الأنفاس، ولَم يتوقَّف رسول عن الحديث عن كلِّ شيء، عن عمره، وقريته، والمدينة الجديدة، وروح الإخوَّة التي تربط أهل السيشل بعضهم البعض مع اختلاف الأديان والأعراق، وعن قصر الشيخ الخليجي فوق الجبل، وكرم هذا الرجل في بعث مشروعات وبناء مساجد، وعن العاصمة فيكتوريا.

كان عليّ ممتنًّا فِعلًا لِدروس الإنجليزية التي تلقَّاها خلال السَّنة الأخيرة، فلَم تذهب هدرًا.

وصل إلى الفندق، وكم خاب ظنُّه لبساطته مقارنةً مع الإعلانات التي رآها لدى وكالة الأسفار.

لَم يجد أرخص مِن هذا المكان لِيستطيعَ حجز الرِّحلة، ومع ذلك لاحَظ أنَّ مستوى النظافة كان ممتازًا.

أخبره رسول أنَّ مالك الفندق روسيٌّ، كما أخبره أنَّ لديهم مطعمًا هنديًا ممتازًا.

وضع عليّ أغراضه في غرفته الصَّغيرة، وخرج يسابق شوقه لرؤية البحر، كانت تلك أوَّل مرَّة يواجه فيها جمالًا أزرق لا يصدَّق.. ضحك وابتسم وهو يخطو حافيَ القدمَين على الرِّمال الدَّافئة وكأنَّه طفل في خطواته الأولى يتوجَّه ضاحكًا إلى حضن والدته التي تبتسم وهي تناديه إليها، مع أنَّه سبقَ وتلقَّى دروسًا في السِّباحة إلَّا إنَّه في البداية لَم يعرف كيف يتعامل مع كمِّية هذا الماء المترامي المالح الذي يزخر بالأسماك الملوَّنة.

نسيَ أنَّه جائع وتعب ويريد النَّوم، وارتمى بين الأمواج يريد أن يطفئ شوق السِّنين إلى هذا الأزرق الكبير، ويدفن اليأس والكآبة التي غلَّفَت حياته خلال الأيَّام الماضية.

كان قد أخذ معه نظّارة البحر التي أعدَّها منذ أعوام في حقيبة السَّفر تلك.

داخل البحر كان يُعيد اكتشاف نفسه:

- أهذا أنا فعلًا؟! أغوص في مياه المحيط، وأتمتَّع بهذا الجمال. أسماك مختلفة الألوان والأحجام تمرُّ بجانبه بلا مبالاة، لا تعرف عزيز ولا رأت أكوام الثُّلوج تتكدَّس بجانب رصيف بيته، إنَّها تسبح في جنَّتها بين النباتات البحرية العجيبة، تروح وتجيء مع حركة الموج، أصداف متناثرة هنا وهناك تزيِّن ديكور المكان، وتُضفي عليه طابعًا ملكيًّا خاصًّا، مدَّ يده ليتناول إحدى الأصداف عاجيَّة اللَّون، وجد تحتها بعض الأوراق، حدَّق مليًّا، إنَّها أوراق ماليَّة محلِّية في البحر دون أن تتلف أو تتفتَّت، إنَّ المكان يأبَى إلَّا أن يضيِّفه.

- ربَّاه، يا ملك البرِّ والبحر والسَّماء، شكرًا.. كم أنا ممتنٌّ! أخذها ووضعها مع أغراضه على الشَّاطئ وعاد ليُكمل رحلة الغوص، لَم ينتبه إلَّا على صفَّارة الحارس يأمر الجميع بالخروج؛ لأنَّ اللَّيل بدأ يسدل أستاره على المكان.

خرج وهو يحسُّ بألم الجوع يخترق معدته، وأحسَّ أخيرًا بجفاف حلقه لأنَّه لَم يأكُل أو يشرب منذ الصَّباح.

أخذ دشًّا سريعًا، غيَّر ملابسه وتوجَّه إلى المطعم، حيث أخذ وجبة دسمة ولذيذة.

ابتسَم للنَّادل وهو يدفع مِن تلك الأوراق التي وجدها بالعملة المحليَّة، وأعطاه الباقي إكراميَّة جعلَتِ النَّادل يكاد يقفز فرحًا، مع أنَّ عليًّا كان في أَمَسِّ الحاجة إلى كلِّ قِرش، إلا إنَّه أراد في تلك اللحظة أن يذيق أحدهم مِن سعادته.

على أيِّ حال إنَّها عطيَّة مِن البحر لَم يَتعب كثيرًا لتحصيلها.

عاد إلى غرفته ليستلقيَ وينام نومًا عميقًا هانئًا لَم يذُق طَعمه منذ أشهر.

كان الهدوء يخيِّم على المكتب، وكان عليّ منغمسًا في جهاز الكمبيوتر خاصَّته، يعِدُّ بعض التَّقارير المهمَّة لاجتماع بعد الظَّهيرة.

سمع صوتًا حانقًا خافتًا وراءه، ونبرة هو يَعرفها أشدَّ المعرفة: عليّ.. ألَم أقُل لك ألف مرَّة أن تجهِّز التَّقارير وترسلها على بريدي؟!

اشتدَّ الصَّوت وبدأ يعلو: أنت لا تفهم؟! أيجب أن أقول وأعيد نفس الكلام ليصِلَك؟!

"تبًّا.. ما هذا الـ..." أحسَّ عليّ بالغضب، والتفَت ليجد أمامه عزيز وقد أصبح رأسه كبيرًا ووجهه مُخيفًا إلى درجة

دفعَته إلى الصّراخ: لَم تعُد مديري، لقد تركتُ العمل، اغرُب عن وجهي!

أفاق عليّ مِن الكابوس بفزع.. تلمَّس الغِطاء.. نظر مِن خلال النَّافذة إلى البحر المترامي الأطراف.

صوت الموج الهادر هدَّأ مِن روعه، عاد رويدًا رويدًا إلى نفسه: اهدأ يا أنا.. أنا هنا.. في السِّيشل.. في رحلة.. أنا بعيد عنه.. أنا بخير.

فتح حقيبته، حاوَل أن يفتح الجيب السِّرِّي، ولدهشته وجده مفتوحًا، فتَّش في كلِّ النَّواحي علَّه يجد محفظته الَّتي تحوي كلَّ ما تبقَّى له وما يغطِّي نفقاته لباقي الأيَّام.

قلَب الحقيبة رأسًا على عقب، لا أثر.. كان ذلك آخِر ما كان يتمنَّى أن يَحدُث له.

فتَّش الغرفة شِبرًا شِبرًا، لَم يكن هناك أيُّ أثر للمحفظة، ماذا بعد ذلك؟! خرج مهروِلًا إلى الاستقبال ليبلِّغ عن اختفاء محفظته، أجابَته الموظَّفة ببرود: سيِّدي.. نحن لسنا مسؤولين عن أيِّ مفقودات شخصيَّة، إنَّ هذا واضح ومكتوب بخطٍّ عريض في عريضة لوائح الفندق.

أسقط في يده! احمرَّ وجهُه واشتعل غضبًا، وكان على وشك الانفجار في وجه الموظَّفة أو ضرَبَها، إلَّا إنَّه تماسَك في اللَّحظات الأخيرة.

ماذا عساه أن يفعل؟ إمَّا أن يكتئب ويموت جوعًا وغمًّا وهمًّا، وإمَّا أن يتجاهل هذا الموقف ويفترض أنَّه في صيام، ويحاول أن يمتِّع نفسه بكلِّ لحظة باقية إلى أن يحين موعد العودة إلى الوطن.. البارد!

خرج يتمشَّى على الشَّاطئ مع وجود فتيات جميلات يتعمَّدن المرور بجانبه، ويحاولنَ تصيُّد انتباهه، إلَّا إنَّه آثَر أن يكون وحيدًا برفقة نفسه، ولَم تكن عيناه تريد إلا أن ترى الأزرق المَلكي، وأن تسمع ذلك الصَّوت الجميل الذي يُحدِثه الموج وهو يتكسَّر على الشَّاطئ.

عادت أفكاره التَّعيسة لتزوره مرَّة أخرى: علي.. وماذا بعد الرِّحلة؟ ستعود ولن تجد لك مكانًا، وكيف ستعيش يا علي؟ كيف ستدبِّر أمورك؟ إيجار بيتك.. فواتير الكهرباء والماء.. مصاريف أكلك.. ستجد نفسك بالشَّارع خلال أيَّام، ولن تجد حتَّى مكانًا لقطَّتك كيتي، ستموتان وتُدفنان في ثلوج المدينة، ولن يتذكَّرك أحد، وأمُّك.. والدتك التي علَّقَت آمالًا كبيرة عليك، ستخذلها كما خذلها والدك، كم أنت جحود وناكر

للجميل! أتذكر حين كانت تدعمك وأنت صغير ومراهق، وحتَّى حين دخلتَ الجامعة، كانت تقاتل لتصنع منك رجلًا، والآن حين هدَّها المرض ولَم يعُد يكفيها دخلها الضَّعيف، تتركها وراءك بلا مبالاة.

كان الحديث الدَّاخلي يقتل السَّعادة داخله، سمع نفسه يقول: أمِّي.. أعتذر.. سأتدبَّر الأمر صدِّقيني.

كان يؤجِّل الاتِّصال بها حتَّى لا تنصدم بالخبر الصَّاعق، ولكن إلى متى؟

تناهَت إلى سمعه كلمات أغنية تنبعث مِن محلِّ الألعاب المجاور لطالما ألهمَته، حبسَ أنفاسه وبدأ يستمع وكأنَّ الكلام موجَّه خصِّيصًا إليه:

الشمس تشرق على الجميع

الجاهل والعالم، الأمير والفقير

بطل الرياضة والكسيح

الشمس تُدفِئ الجميع

تحتوي الجميع بخيوط أشعَّتها

شمس الله تتسلل إلى القصور والأكواخ

المساجد والملاهي..

شمس الله تشرق على الجميع

شمس الله..

إنْ هجاها أحد

لا تحبس خيوطها عنه

تدفئه كالجميع

شمس الله تشرِق على الجميع

فما بالك بخالق الشَّمس

رحمته تلفُّ الجميع!

كان للكلمات وقع السِّحر على قلبه، إذا كانت خيوط الشَّمس تشمل الجميع فرحمة الله أعظم وأشمل، وستشمله هو وتنقذه مِن المصير الذي يرعب قلبه، لا داعي للحيرة "سيدبِّرها مِلِك الملوك".

كانت تلك مقولة أحمد صديق عمره، تذكَّر أحمد.. لمَعَت عيناه فجأة، أحمد صديق الطُّفولة وعونه في الأزمات.. اليوم يصادف عيد ميلاده.

كان غارقًا في التفكير حين رأى ولدًا يكتب على رمل الشَّاطئ أسماء إخوته ووالدَيه داخل قلب كبير بجانب قصر الرَّمل الصَّغير الذي عكف على تشييده منذ الظهيرة.

على الفور التَقَط عليّ صَدفة كبيرة وبدأ يخطُّ على الشَّاطئ حروفًا كبيرةً منمَّقة بخطِّه الجميل: "يوم ميلاد سعيد أحمد".

التفَت فرأى منظر غروب الشَّمس، أخذ هاتفه وبدأ التَّصوير مِن كلِّ الزوايا.

في النِّهاية اختار أحد مقاطع الفيديو الَّتي بدَت له جميلة، وأرفقها بموسيقى أعياد الميلاد وذيَّلها بعبارة: "إلى صديق العمر أحمد"، وأنزلها على اليوتيوب والفيسبوك والإنستجرام ليراها أحمد وأصدقاؤه.

قفل عائدًا على عجل إلى غرفته ليغيِّر ملابسه ويخرج في نزهة صغيرة لِيَشتريَ بعض الأغراض قبل أن يُغلِق المحلُّ المجاور الصَّغير أبوابه، إلّا إنَّه تذكَّر أنَّ المحفظة مفقودة، فعاد أدراجه مكتئبًا بائسًا.

حين وضع رأسه على الوسادة كان الحزن والحيرة، قد بدآ يخيِّمان على تفكيره، وعادت أفكاره تحوم حول ما بعد العودة إلى الدِّيار، ولا مورد رزق ينتظره.

كان صوت الموج الهادر والرِّياح العاتية يزيدان اللَّيل وحشة، ويلهبان كوابيس عليّ المحمَّلة بوجوه كلِّها شبيهة لعزيز، وكأنَّ العالم اقتصر عليه لِيُطارِدَه حتَّى في أحلامه وكوابيسه.

نهض بفزع واتَّجَه إلى البرَّاد ليأخذ كوب ماء، كان يرى الموبايل يُضيء مِن وقتٍ لآخَر، ففتحه ووجد الكثير مِن الرَّسائل: "عليّ.. ما هذا المكان الرَّائع؟! شكرًا على الفيديو الرَّائع، لقد أسعدَتني رؤية اسمي على رمال جزيرة الأحلام.. أنا ممتنٌ.. صديقك أحمد".

وجد رسائل أخرى مِن معارفه وأصدقائه: "عليّ.. يا للروعة! أرجوك اكتب عبارة: "أنتِ رائعة سلمى" على الرَّمل تمامًا كما فعلتَ مع أحمد".

"عليّ.. غدًا عيد الأم.. رجاءً اكتب عبارة: "أحبُّكِ أمِّي.. ابنتكِ ندى"، أتوسَّل إليكَ.. والدتي تعشق البحر، ورؤية اسمها على الرَّمل سَتُدخِل السَّعادة على قلبها".

كانت الرَّسائل تتواتر علَى عليّ كالمطر الذي بدأ يهطل منذ قليل. كان فرِحًا مغتبطًا، ولكنَّ تلك الغيمة السَّوداء لَم تُرِد أن تفارق خياله.. بدون عمل.. ما الذي سيَفعله بعد أيَّام قليلة؟ شرب كوب الماء.. نظر بابتسامة ساخرة إلى الهاتف الَّذي لَم يهدأ أو يكلَّ مِن استقبال الرَّسائل، وعاد إلى النَّوم.

في صباح اليوم التَّالي أفاق على نقر خفيف على نافذته، فتح عينَيه بكسلٍ، وجد عصفورًا ملوَّنا ينقر على زجاج نافذته

وكأنَّه عصفور مِن الجنَّة.. يا ألله.. ما كلُّ هذا الجمال؟! هل أنا أحلم؟! أم أنَّ هذا حقيقة؟!

يا لَروعة المكان! زرقة الموج تداعب بياض الشَّاطئ، وتلك الصَّخرة نيزكيَّة اللَّون والشَّكل وهي على شفا القمَّة وكأنَّها توشك على السُّقوط، ولكنَّها لا تسقط.

كان قلبه يكاد يعتصر حين يتذكَّر أنَّ بضعة أيَّام فقط تفصله عن العودة إلى بلدته الباردة وشقَّته الصَّغيرة وحياته الرَّتيبة التي تركها وفرَّ هاربًا لبضعة أيَّام في إحدى جنان الأرض، سيَعود لِيرَى كيف يَبدأ رحلته القادمة في البحث عن عمل.

رنَّ هاتفه..

- علي يا صديقي، كيف حالك؟

- بخير أحمد، وأنتَ؟

- يا رجل.. لقد أحدَثتَ زوبعة بذلك الفيديو الذي أرسلتَه. كيف استطعتَ التِقاط مشهد بتلك الرَّوعة؟! تلك السُّلَحفاة الصَّغيرة وهي تمشي فوق حروف اسمي وتتصارع مع سلطعون البحر، ثمَّ في النِّهاية ينقذها الموج، لقد كانت لقطة العمر! يا علي.. أتدري أنَّها حصلَت مليون مشاهدة حتَّى الآن؟! أتدري كم ستجني مِن المال؟! يا لَلحظِّ!

ثم استطرد أحمد حديثه مازحًا: عليّ.. يجب أن تعطيَني نصيبي مِمَّا سيمنحك يوتيوب، لولا يوم ميلادي ما كانت لقطتك تحصل كلَّ هذا الإعجاب والشُّهرة.

لَم يكن عليّ قد دقَّق كثيرًا في تفاصيل الفيديو الَّذي نشره، فتحَه وبدأ يتفحَّص المشهد.. أمام العبارة التي خطَّها لأحمد كان هناك مشهد مثير لسلحفاة صغيرة تحاول التَّملُّص مِن براثن سلطعون قوي، وحين أوشكَت على الاستسلام أتت موجة كبيرة فجرفَتها وأبعدَتها عن السلطعون.

كان الفيديو قد حصل فِعلًا أكثر مِن مليون مشاهدة وإعجاب، أيعني ذلك أنَّه وقَع على كنز؟! اليوتيوب يدفع أكثر مِن ألف دولار في الشَّهر إذا حصل الفيديو مليون إعجاب أو أكثر.

وقفَ بُرهة يحاول أن يستوعب الأمر.. فجأةً قفز صارخًا في فضاء الغرفة: شكرًا يا ربِّ.. ألف شكر، لَم يعُد هناك أيُّ داعٍ للحيرة والحزن.

بفرح طفولي جرَت أصابعُه ليكلِّم والدتَه ويُخبرها بما حدثَ، لَم تكن سعادتها أقَلَّ مِن سعادة علي، كانت تحاول خلال الأيَّام الماضية أن تتَّصل به ولكن دون جدوى.

افتقدَته لأنَّه كان يكلِّمها كلَّ يوم، وإذا أبطأ قليلًا كانت تتَّصل به لتَطمئنَّ عليه.

أخبرها بنهاية خدمته، ومعاناته لأعوام، واضطراره لتحمُّل جور مديره عليه، ورحلته المستعجلة إلى الجزيرة الجنَّة، وأخيرًا قصَّة الفيديو الذي وضع نهاية لكلِّ مشكلاته.

استجاب علي لكلِّ مَن طلب منه مِن أصدقائه كتابة اسمه مع عبارته المفضَّلة على رمل الشَّاطئ بسرور، إلَّا إنَّه بعد أيَّام صار يتلقَّى طلبات كتابة مِن أناس غرباء.

تردَّد في بادئ الأمر، إلَّا إنَّه قرَّر أن يستثمر ذلك، فوضع مقابل كلِّ طلب خمسة دولارات تُحوَّل إلى حسابه قبل التاريخ المطلوب بيوم، ففوجئ أنَّ سيلًا مِن المال بدأ يأخذ طريقه إلى حسابه مع كمِّ طلبات هائل، وهو لَم يكن يخطِّط لأيٍّ مِن ذلك.

تنهَّد برضًا وهو يمرُّ أمام سلحفاة كبيرة لو رأتها كيتي لهربَت على الفور: يا إلهي.. كم أنتَ كريم معي!

مرَّت بضعة أشهر أنشأ عليّ خلالها مكتبًا صغيرًا، ووظَّف سكرتيرة وبعض العُمَّال لمساعدته في كتابة العبارات التي يطلبها المتابعون لصفحته على اليوتيوب مِن كافَّة أصقاع الأرض، وفي ظرف وجيز استطاع أن يؤجِّر فيلا في مكانٍ راقٍ بالجزيرة، وأرسل إلى والدته لتقيم معه في جنَّته الجديدة.

كان غارقًا في توجيه العُمَّال لترتيب رمل الشَّاطئ، وقبل أن يبدأ التَّصوير بالدّرون – وهو جهاز صغير طائر يحمل كاميرا يتحكَّم به

عن بُعد عبر جهاز تحكُّم صغير – فوجئ بشخص يقترب منه،
شخص شكله مألوف جدًّا لدَيه، وصوت يعرفه جيِّدًا:

- مرحبًا عليّ!

انتفض مكانه والتفَت، فوجد عزيز!

اختلطَت المشاعر في رأسه: ما الذي أتى به إلى هنا؟! ألا
يكفيه أنَّ شبحه كان يطارده في يقظته ومنامه وأنَّه سبب
معاناته وجلُّ همومه؟! أيسلِّم عليه؟ أم يتجاهله ويشيح نظره
عنه ويمضي في سبيله وليؤجِّل التَّصوير لوقتٍ آخَر؟

سمع عليّ نفسه يقول:

- وعليكم السَّلام عزيز.. ماذا تفعل هنا؟

أجاب عزيز ضاحكًا:

- يا عليّ.. كيف حالك؟ ماذا تفعل هنا؟ ما هذه المفاجأة
السارَّة؟ لقد أتيتُ لقضاء بضعة أيام.. إجازة صغيرة مع
عائلتي.. منذ زمن بعيد لَم أخرج معهم في نزهة ولو بالمدينة،
أخيرًا قرَّرتُ أن آخذ قسطًا مِن الرَّاحة ولو قليلًا، أنت تعلم..
العمل لا ينتهي، والوقت يمرُّ.

كم كان عاديًا ووجهه ودودًا! أين هيئة الأسد المتحفِّز التي
كانت تلازمه؟!

لَم يكمل حديثه مع عزيز إلَّا ورأى طفلًا صغيرًا قد بدأ يخطو خطواته الأولى يأتي إليه مسرعًا، كان عليّ يتأمَّله ويعصر ذاكرته: أين رآه؟ إنَّه مألوف جدًّا، ولكنَّه أطفأ فضوله بفكرة أنَّ كلَّ الأطفال يتشابهون.

التفَت يمينًا، رأى عزيز يقترب مِن الولد ويضمُّه، وانضمَّت سيدة جميلة إليهما.

لَم يصدِّق عليّ ما يرى، إنَّها ذاتها والدة الرَّضيع الذي أنقذ حياته.

لمعَت بذهنه صورة الولد المختنق: أهذا هو الولد؟! تُرى ما علاقتها بعزيز؟!

قدَّمها عزيز إليه: زوجتي لينا، هذا عليّ الذي حدَّثتُكِ عنه.

حين نظرت إليه صعقَت واندهشَت: يا إلهي.. عزيز.. هذا هو الشَّابُّ الذي أنقذ حياة ابننا.

لَم يجد عزيز ما يقول، اغرورقَت عيناه، واقترب مِن عليّ، ضمَّه ممتنًّا.. معتذرًا.. نادمًا.. مُحرَجًا.

- عليّ هو مَن.. أنقذ حياة ابني! يا إلهي.. كم أنَّ هذا العالَم صغير! آسِف يا عليّ علَى كلِّ ما بدَر مِنّي، لقد ظلمتُكَ كثيرًا، أنا جدًّا ممتنٌّ إليكَ.

كان عليّ متسمِّرًا مكانه لا يدري ما يقول، ذلك اليوم كيف خطَّتِ الأحداث؟! يستفزُّه عزيز ويدفعه للرَّحيل والاستقالة، فيخرج على غير هدى لِيُنقذَ ابنه مِن موتٍ محقَّق.

كان عليّ أكثر اندهاشًا مِن عزيز، وقد قال وهو يبتلع ريقه:

- في الحقيقة لَم يخطُر ببالي أنَّك والد الطِّفل، أنا أيضًا جدًّا ممتنٌّ إليك يا عزيز، لولا عجرفتك واستفزازك ما كنتُ وصلتُ إلى ما أنا عليه الآن.

ضحكَ الاثنان، وذهبا إلى المقهى المطلِّ على الصَّخرة النَّيزكيَّة وهما يضحكان كصديقَين قديمَين، تاركَينِ الصَّغير يلعب بالرَّمل بجانب والدته وإخوته.

انضمَّت زوجة عزيز إليهما، وطلبَت كوبًا مِن الشوكولا الساخنة:

- يا لَلصُّدفة الجميلة يا سيِّد عليّ.. كم علينا أن نشكرك.. ذلك اليوم لن أنساه ما حَييتُ.

أجاب عليّ: لا شكر على واجب يا سيِّدتي، لقد فعلتُ ما يمليه عليَّ الواجب.

قال عزيز وهو يتناول هاتفه:

- أنتَ محظوظ يا عليّ، لقد جازاك الله خير الجزاء.

استطردَت زوجته:

- أنتُ تذكِّرني بأختي التي تقيم بجنوب البلاد، منذ أشهر أنقذَت سيِّدة فاقدة للذَّاكرة وليس لها أيُّ أوراق ثبوتية مِن موت محقَّق، عثرَت عليها بالقُرب مِن بيتها، كانت في حال يُرثى

لها، وتكاد تتجمَّد مِن البرد، أخذَتها للمستشفى القريب، وهي تزورها كلَّ يوم، تقول إنَّها تتحسَّن يومًا عن يوم، وقد أصبحَتا صديقتَين حميمتَين، المسكينة تهذي أحيانًا وتقول إنَّ هناك انهيارًا ثلجيًا.

تجمَّد الدَّم في عروق عليّ: انهيار ثلجي.. سيِّدة تائهة!
انهمرَتِ الدُّموع مِن عينَيه: هل يُعقَل أن تكون هي.. هي سالي؟!
طلب على الفور مِن زوجة عزيز أن تتَّصِل بأختها ليتأكَّد مِن هويَّة السيدة، وحين سمع صوتها سقط مغشيًا عليه.
أفاق عليٌّ فوجد عزيز وزوجته ووالدته حوله، وقد أكَّدَت له والدته أنَّ الفتاة هي سالي، وأنَّها تتعافى بسرعة.
كان عليّ لا يصدِّق ما يحدث، ولكنَّ ذلك الرَّاديو لَم يكفَّ عن إذاعة ذلك المقطع:
شمس الله تشرق على الجميع
فما بالك بخالق الشَّمس
رحمته تلفُّ الجميع!